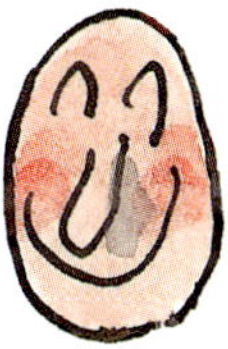

Il y a des moments où la question du bonheur et du malheur ne se pose pas. Quand on n'a pas assez à manger, pas de vêtements, pas d'argent, pas de maison, pas de travail, quand on ne peut pas se soigner lorsqu'on tombe malade : on est malheureux. Et on sait parfaitement de quoi on a besoin : de se nourrir, d'avoir un logement, des vêtements…
Mais quand tous ces besoins sont remplis, que se passe-t-il ? Tous les humains qui ont une vie confortable sont-ils heureux ? Certains, oui. D'autres, non.

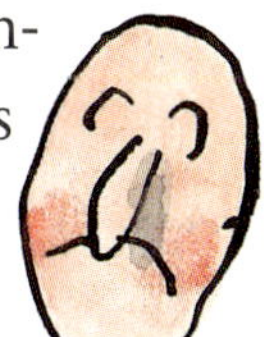

Roméo, Juliette et les autres

Roméo aime Juliette, Juliette aime Roméo, ils veulent se marier, leurs parents sont d'accord, tout le monde est content, la fête se prépare. La fête est merveilleuse ; ensuite, Roméo et Juliette ont de beaux enfants et les aiment très fort, ils habitent dans une belle maison et n'ont aucun problème d'argent...

« *Vous voulez que je continue l'histoire ?*
– *Non, c'est ennuyeux, on s'endort.*
– *OK, j'en raconte une autre.* »

Roméo aime Juliette, Juliette aime Roméo, ils veulent se marier mais c'est impossible : leurs familles se détestent depuis toujours. Roméo et Juliette doivent se voir en cachette, les parents de Juliette veulent la forcer à se marier avec un autre homme. Pour ne pas se marier, Juliette s'empoisonne, Roméo croit qu'elle est vraiment morte, il se suicide. Mais Juliette n'est pas morte,

Brigitte Labbé Michel Puech

LE BONHEUR ET LE MALHEUR

Illustrations de Jacques Azam

MILAN

AU MENU DE TON GOÛTER PHILO

Roméo, Juliette et les autres .... p. 4
Une recette très facile .... p. 6
Bien fait pour eux ! .... p. 8
« Le jeu du cherche » .... p. 10
Le bonheur invisible .... p. 12
Les petits ennemis du bonheur .... p. 14
Bizarre, j'étais heureux... .... p. 16
10 chaînes ou 50 chaînes .... p. 18
Magnifique panier ! .... p. 20
6 ans, 4 mois, 3 semaines .... p. 22
Le héros du malheur .... p. 24
Le droit d'être malheureux .... p. 25
Partager son malheur .... p. 27
3 kilos de bonheur et hop, 4 kilos ! .... p. 28
On n'y peut rien .... p. 29
Désirer, souhaiter, avoir envie... .... p. 31
Des marchands de bonheur .... p. 33
Inventer son bonheur .... p. 35
Sans attendre .... p. 37

elle découvre que...
« Vous voulez que je continue l'histoire ?
– Oui, oui ! Ne t'arrête pas, c'est trop bien, on veut savoir la suite ! »

Les histoires de bonheur font bâiller tout le monde ! Ce qui est intéressant, c'est le malheur. Si Roméo et Juliette étaient heureux, il n'y aurait pas d'histoire. Même chose pour les autres : ce sont les malheurs de Sophie qui sont intéressants, pas ses bonheurs, les malheurs de Cosette, de Peau d'Âne, du Petit Poucet, de Cendrillon, du Vilain Petit Canard, de Poil de Carotte, du Petit Chaperon rouge, du Bossu de Notre-Dame...

Dans les journaux, on lit surtout des mauvaises nouvelles : les tremblements de terre, les inondations, les usines qui ferment, les gens qui meurent…
Bien sûr, on aime que tout se termine bien, mais la plupart du temps, quand tout s'arrange, quand le bonheur est là, c'est la fin de l'histoire !
Le malheur, c'est bien plus intéressant que le bonheur !

Une recette très facile

> Voici une petite recette très facile à réussir. Commencer par noter tout ce qui ne va pas : de la pluie depuis 2 semaines, la télévision tombée en panne, le porte-monnaie vide parce que tout l'argent de poche de la semaine est dépensé alors que l'on n'est que mardi, les piles du jeu vidéo qui se sont arrêtées avant de pouvoir sauvegarder le niveau.

Ensuite, penser à ce qui va arriver
de plus grave : mourir un jour,
mes parents aussi ; d'après le vétérinaire,
mon chien, lui, ne vivra que 12 ou 13 ans,
sauf s'il se fait écraser par une voiture,
bien sûr ; mon meilleur ami va déménager
l'année prochaine.
Maintenant, réfléchir à ce qui est raté :
je n'ai pas connu mes arrière-grands-
parents, j'ai manqué l'épisode de ma série
deux fois de suite, mes chaussures
préférées sont devenues trop petites.
Continuer en faisant la liste de tout
ce qu'on n'a pas : un VTT, le dernier
jeu vidéo, un téléphone portable.
Pour finir, imaginer ce qu'on ne sera
pas : le plus beau, le plus célèbre,
le plus riche, le plus intelligent,
le plus fort.
Surtout, ne pas oublier de penser très
fort à tous ceux qui ne nous aiment pas.
Et voilà, le matin, mélanger le tout
et ça réussit à tous les coups :
vous êtes malheureux pour la journée.

C'est très facile de se rendre malheureux : il suffit de penser à ce qu'on n'a pas, à ce qu'on ne peut pas faire, penser à des choses tristes qui sont arrivées dans le passé ou, même, qui pourraient arriver dans le futur. Il y en a toujours, pour tout le monde.

Bien fait pour eux !

Émilie va se coucher, elle se sent bien, la journée a été bonne. Dans son lit, elle y repense avec un grand plaisir. Déjà, au petit-déjeuner, tout a bien commencé : son grand frère ne trouvait plus son bulletin qu'il devait faire signer par les parents, il allait se prendre au minimum 3 heures de colle le samedi matin. Bien fait pour lui ! Et avec un peu de chance, les parents allaient en rajouter en le privant de sortie le soir. Ensuite, en rentrant dans la cour, surprise géniale : Irène, la grande frimeuse de CM2, avait une cheville dans le plâtre. Évidemment, tout le monde s'intéressait à elle et voulait signer sur le plâtre, mais n'empêche qu'Irène va en baver : elle ne pourra pas jouer à la récré pendant au moins 3 semaines. Mais le mieux de la journée, c'est quand le maître a rendu les contrôles de géométrie. Alors là, grand moment de bonheur : Samantha, la madame Je-sais-tout de la classe, qui a toujours 20 sur 20 partout, celle que le maître n'arrête pas de féliciter, a eu 4 sur 20. Émilie et ses copines n'ont rien dit, mais quand elles ont vu la tête de Samantha, elles n'ont pas pu s'empêcher d'échanger un clin d'œil. Émilie fait repasser

tous ces événements dans sa tête
et s'endort avec un grand sourire.

Pas sympa, Émilie ! C'est la première réaction qu'on a en lisant cette histoire. On se dira qu'elle exagère, que, franchement, tout ce qui arrive à son grand frère, à Irène, à Samantha, c'est dur, c'est triste. Et que c'est mal de s'en réjouir. Mais est-ce que nous n'avons pas tous ressenti ce genre de bonheur au moins une fois ? Un petit bonheur qui vient du malheur des autres ?

« Le jeu du cherche »

Medhi a invité 6 copains ; il a inventé un nouveau jeu : « Le jeu du cherche ». Tout le monde est arrivé chez lui, le jeu va commencer. Medhi explique la règle. « Quand je donne le top du départ, vous cherchez. Je chronomètre une demi-heure, et celui qui a trouvé a gagné.
– On cherche où ? » demande Julie.
« Partout », répond Medhi.

« Mais on cherche quoi ? » demande David.
« Ben oui, on cherche quoi ? »
rigolent tous les autres.
« Vous voulez jouer, oui ou non ?
Cherchez, voilà, vous me soûlez avec vos questions débiles, c'est le jeu », s'énerve Medhi.

Medhi est complètement fou ! Comment trouver sans savoir ce que l'on cherche ? C'est n'importe quoi, son nouveau jeu !
Oui. Et pourtant, c'est un jeu auquel des gens jouent : en cherchant le bonheur, sans savoir ce que c'est, leur bonheur. Tout le monde veut le trouver, c'est normal. Mais pour trouver quelque chose, il faut savoir ce que l'on

veut trouver. Sinon, évidemment, aucune chance d'y arriver.
On a une idée de ce qu'est le malheur. Mais est-ce qu'on a une idée de ce qu'est le bonheur ? Souvent, non ! C'est peut-être pour cela que beaucoup de gens ont du mal à le trouver. Ou même arrêtent de le chercher. Comme les copains de Medhi, qui vont arrêter de jouer, puisqu'ils n'ont aucune idée de ce qu'ils cherchent.

Le bonheur invisible

> Jordan vient de se coincer le doigt dans la porte du placard, il hurle, ça fait très mal.

Jordan a mal, il le sent, il se rend compte de la douleur, pas besoin de lui dire : « Jordan, tu as mal au doigt ! »

> Sandra ouvre le placard, prend des céréales, referme le placard et s'installe pour manger.

Sandra n'a pas mal, elle ne s'est pas coincé le doigt dans le placard. Évidemment elle ne s'en rend pas compte, elle ne pense pas, en mangeant ses céréales : « Tiens, je n'ai pas mal au doigt ! »

Quand on a mal, on s'en rend compte, quand on n'a pas mal, on ne s'en rend pas compte ! C'est souvent pareil avec le bonheur et le malheur : le malheur, on le sent tout de suite, pas de doute, c'est un problème, on le voit bien. Le malheur est très visible, même celui des autres, même celui qu'on ne comprend pas.

Mais le bonheur, quand il est là, on ne s'en rend pas forcément compte, on ne le voit pas toujours. Souvent, le bonheur est invisible. Et comment être heureux si on ne voit pas le bonheur quand il est là ?
Alors, peut-être que la première chose à faire, c'est essayer de voir le bonheur ! Essayer d'y faire attention, de bien repérer le bonheur quand il est là, de s'en rendre compte.

Les petits ennemis du bonheur

Mireille a trouvé un travail, elle reçoit son premier salaire, elle se sent heureuse de gagner enfin sa vie.
« Quelle horreur quand je calcule les impôts que je vais devoir payer ! » se plaint Mireille.

Jean vient de passer la plus belle journée

de sa vie : il a demandé Valentine
en mariage et elle a dit oui !
Une journée de bonheur total.
« Quand je pense à tous les divorces... »

Raphaëlle donne le sein à son bébé,
ils sont bien, c'est un moment de pur
bonheur.
« Et s'il tombe malade ?... »

Grande bataille de polochons chez
Grand-Mère, tout le monde est heureux
de se retrouver.
« Mais si je rate mon contrôle de grammaire
de lundi matin ? » pense soudain Julien.

Si on réfléchit à ce qui se passe tous les jours, on s'aperçoit que le bonheur a beaucoup d'ennemis, des petits ennemis que l'on ne voit pas toujours très bien... et que, souvent, on s'est fabriqués tout seul !

Bizarre, j'étais heureux...

Gérard a économisé pendant 5 ans pour s'acheter la voiture de ses rêves. La voiture vient d'être livrée au garage, il va la chercher aujourd'hui. Un grand jour. Il part rouler sur l'autoroute, il fait beau, il roule les vitres ouvertes et chante à tue-tête, c'est le grand bonheur. Ce soir, il emmènera sa femme faire un tour. En rentrant chez lui vers 18 heures, il aperçoit son voisin. « Super ! Je vais lui montrer ma nouvelle voiture et même lui proposer de la conduire. » Il aime bien son voisin, c'est un type sympa. « Salut Gérard ! Dis donc, quelle voiture ! Elle est magnifique, le félicite son voisin. Qu'est-ce que tu dois être heureux de l'avoir enfin ! » Ils parlent du moteur, de la suspension, de la taille du coffre... quand soudain arrive en courant et en hurlant, Yves, un autre copain du quartier. De loin,

Gérard et son voisin voient qu'il court en agitant un petit bout de papier.
« Eh ! Venez, c'est dingue ce qui m'arrive, écoutez, écoutez ! Le tirage du Loto, les bons numéros, pas possible, je rêve, c'est pas vrai !
– Mais quoi, quoi ? Qu'est-ce qui se passe ? » demande Gérard.
« 1 million, j'ai gagné 1 million, dit Yves, complètement sonné, une Ferrari, je vais m'acheter une Ferrari ! »
Gérard imagine maintenant Yves dans sa Ferrari. Il se réjouit de la chance d'Yves, ils vont fêter ça. Mais Gérard se sent un peu bizarre et le soir, il oublie complètement de proposer à sa femme d'aller faire un tour dans sa nouvelle voiture.

En quelques secondes, le bonheur de Gérard a beaucoup diminué. Quand il pense à la voiture d'Yves, il ne ressent pas la même chose qu'avant. Pourtant, rien n'a changé pour Gérard : il a réalisé son rêve, sa voiture est là, dans le garage, elle est toujours aussi belle, personne ne l'a volée. Qu'Yves ait une Ferrari ne change absolument rien, Gérard a les mêmes raisons d'être heureux. C'est parfois bizarre : on est heureux, on compare, et soudain on se retrouve moins heureux.

10 chaînes ou 50 chaînes

Quand il allume la télévision, Guillaume commence toujours par zapper.
Il a 10 chaînes, il trouve ça génial d'en avoir autant, il finit toujours par trouver quelque chose qui l'intéresse.
Il s'installe, a envie d'un jus de pomme bien frais, il y en a dans le réfrigérateur, il se sert, il reste du saucisson, super !
Quand elle allume la télévision, Virginie commence toujours par râler.

Elle a 10 chaînes mais si elle était abonnée au câble, elle en aurait 50. Ça lui gâche à chaque fois son plaisir d'imaginer tous les programmes qu'elle rate.
Elle s'installe, elle a envie d'un jus d'orange, mais zut, elle sait qu'il n'y en a pas, c'est pénible, elle a aussi envie de chips et il n'y a que des cacahuètes, quelle galère !

Guillaume est content, Virginie non. Guillaume apprécie de regarder la télévision, Virginie non. Guillaume a envie de ce qu'il a dans le réfrigérateur, Virginie veut quelque chose qui n'y est pas. La différence entre Guillaume et Virginie ? Guillaume apprécie ce qu'il a, Virginie gâche ce qu'elle a en pensant à ce qu'elle n'a pas. On a l'impression que Virginie risque de ne jamais se sentir heureuse, à force de passer son temps à vouloir des choses qu'elle ne peut pas avoir.

Magnifique panier !

2 secondes avant le coup de sifflet final de l'arbitre, Laurent met un magnifique panier du milieu du terrain, et donne la victoire à son équipe. Fabuleux ! Ils sont champions de France. Tout le monde s'embrasse, c'est l'euphorie, l'entraîneur saute de joie, court vers les joueurs. Eux ne peuvent ni sauter, ni courir : ils sont dans des fauteuils roulants, c'est le championnat de basket des paralysés. Un journaliste vient interviewer Laurent. « C'est le plus beau jour de ma vie, lui dit Laurent, maintenant, il faut qu'on s'entraîne plus dur pour le championnat du monde ! » En rentrant dans les vestiaires, Laurent se souvient de son accident de cheval et du jour où les médecins lui ont dit qu'il ne pourrait plus marcher.

Ce jour-là, et les semaines et les mois d'après, Laurent est resté enfermé chez lui. Il était malheureux, malheureux comme on ne peut pas imaginer. D'ailleurs, Laurent se disait que personne ne pouvait imaginer ce qu'il ressentait. Il ne sortait qu'une fois par semaine, pour aller chez le kiné.

« C'est pas possible ces trottoirs, se disait à chaque fois Laurent, tu crois qu'ils penseraient à mettre des petits plans inclinés pour qu'on puisse les descendre plus facilement ? »
Chaque semaine, Laurent râlait contre les trottoirs.
Un jour, il s'est dit qu'il devait y avoir des centaines de gens comme lui, qui avaient du mal à descendre les trottoirs. Il est allé à la mairie et a demandé s'il y avait des associations de paralysés. Il voulait faire une pétition pour que le maire change les trottoirs.

Alors, la vie de Laurent a changé. Il a rencontré du monde, il a trouvé des gens qui

avaient décidé de se battre contre les injustices faites aux handicapés. Ils ont rassemblé des centaines de signatures, la mairie les a reçues hier. On va voir ce qui va se passer.
Et là, Laurent a rencontré Hervé qui jouait au basket, et il est rentré dans son équipe.

6 ans, 4 mois, 3 semaines...

La vie est pleine d'événements qui peuvent nous rendre malheureux : la mort des gens que l'on aime, une année où on redouble, des amis qui déménagent... Il y a dans la vie des souffrances que personne ne peut éviter. Le problème, c'est quand on reste enfermé dans son malheur.

> Stanislas raconte à Pierre que sa petite amie l'a quitté.
> « Je la déteste, tu te rends compte, elle m'a quitté, elle m'a laissé tomber comme une vieille chaussette, disparue, plus de nouvelles, rien, elle m'a planté

là, je me sens seul, elle me manque, c'est horrible ! »
Stanislas est malheureux, très malheureux.
Pierre comprend, c'est dur de se faire plaquer.
« C'est l'horreur, normal que tu sois dans cet état. Et ça fait combien de temps qu'elle t'a quitté ? »
Stanislas regarde sa montre.
« 6 ans, 4 mois, 3 semaines, 4 jours et 2 heures 10... » répond Stanislas.
Pierre le regarde, surpris, mais n'ose rien dire.

Comme Pierre, nous comprenons le malheur de Stanislas. Mais comme Pierre, nous voyons bien qu'il y a un problème, un problème qui n'a plus grand-chose à voir avec l'ex-petite amie de Stanislas. D'accord, Stanislas a vécu un grand malheur. Mais est-ce que maintenant, il n'est pas en train de se fabriquer lui-même

son malheur, en restant coincé dans son malheur, en continuant à ruminer son histoire ?

« Facile à dire », répondrait Stanislas...

Le héros du malheur

Être malheureux, c'est quelquefois bien pratique : on peut se faire plaindre, attirer l'attention, demander à la terre entière de s'occuper de soi. Comme si le malheur servait à dire aux autres : « *Occupez-vous de moi !* » On peut trouver des avantages au malheur : la vie n'est pas plate, on se prend pour le centre du monde, le seul à qui tout cela arrive, on devient même un héros, un héros du malheur.

Le droit d'être malheureux

Mais attention : la souffrance fait partie de nos vies, on a le droit d'être malheureux.

Il y a des souffrances que l'on peut éviter, et là, aucune raison de continuer à souffrir. Aucun intérêt à souffrir quand on peut faire autrement.

« Je suis malheureux quand je ne fais pas de sport. » : faire du sport !
« J'ai mal à la tête, je n'en peux plus ! » : prendre un cachet d'aspirine !
« C'est triste la maison quand il n'y a pas de fleurs. » : aller cueillir des fleurs !

Mais il y a des souffrances que l'on ne peut pas éviter :
« Mon chat, que nous avions depuis 10 ans, est mort hier soir. » : la souffrance est là, impossible de la fuir.
« Mais pourquoi ça m'arrive à moi ? » : on a besoin de comprendre, même s'il n'y a rien à comprendre.
« C'est de ma faute, je m'en suis mal occupé. » : on se rend coupable.
« Le vétérinaire est un bon à rien, il ne l'a pas soigné à temps. » : on accuse les autres, on les rend coupables.
« J'aurais mieux fait de ne pas avoir de chat. » : on regrette.

On se raconte plein d'histoires, on cherche une raison au malheur, on se torture avec des dizaines de questions. Au malheur, on ajoute la colère, le regret, la peur, le sentiment d'être coupable, la révolte.
Difficile d'accepter que, parfois, le malheur est naturel, qu'il fait partie de la vie, qu'il n'a aucune explication, qu'il n'est ni bien ni mal, que ce n'est ni une maladie, ni quelque chose qu'il faut cacher, ni une honte.

Partager son malheur

Partager son malheur fait du bien. C'est important de le partager, même si on croit que les autres auront de la peine. Si certains ont trop de peine, s'ils font semblant de ne pas comprendre, s'ils partent en courant parce qu'ils ne veulent pas savoir, ce ne sont pas de vrais amis. Partager son malheur, cela fait partie de l'amitié ou de l'amour. Le malheur diminue quand on peut le partager avec quelqu'un en qui on a confiance.

3 kilos de bonheur et hop, 4 kilos !

Aurélia avait envie de se faire plaisir, elle s'est acheté le dernier CD de sa chanteuse préférée. Il lui restait un tout petit peu d'argent, et comme elle est passée devant un vendeur de porte-clés, elle en a acheté un pour sa copine Clémence qui en fait collection. Et alors là, surprise : elle s'est rendu compte que le bonheur de Clémence lui faisait presque autant plaisir que son nouveau CD !

Il y a quelque chose de bien pratique dans le bonheur : quand on en donne, on en a encore plus ! Phénomène très rare : d'habitude, quand on donne quelque chose, on en a moins !

Évidemment, le bonheur ne se pèse pas, ne se mesure pas. Mais imaginons une seconde que Félix se balade avec 3 kilos de bonheur dans la poche.

Il rencontre son meilleur ami Jean, et lui parle de ses 3 kilos de bonheur.
« Jean, écoute !
J'ai 3 kilos de bonheur dans la poche ! »

Jean est content : « Trop bien, je suis heureux pour toi ! »
Comme Jean est heureux pour Félix, sa poche, qui était vide, se remplit d'1 kilo de bonheur. Félix s'en rend compte et hop ! les 3 kilos de bonheur qu'il avait avant de rencontrer Jean se transforment en 4 kilos ! C'est magique.
Non, ce n'est pas de la magie :
le bonheur fabrique du bonheur.

On n'y peut rien

« Nadine, qu'est-ce qui te rendrait heureuse, toi ?
– Je serais heureuse si ma maîtresse partait faire un stage, comme ça,

la remplaçante que j'adore reviendra ; je serais heureuse si demain il fait beau pour que je puisse sortir faire du vélo ; si je gagne à la loterie ; si le bébé que ma maman attend est une fille, et si Nicolas change d'école, parce que, vraiment, je ne le supporte plus. »

Tout cela peut arriver. Après tout, Nadine ne demande rien d'extraordinaire.
Mais si on relit ce qui la rendrait heureuse, on se rend compte d'une chose : rien ne dépend d'elle. Pour toutes les choses qu'elle souhaite, elle n'y peut rien, absolument rien. Autant dire que Nadine compte sur sa chance pour être heureuse : soit elle a de la chance

et elle sera heureuse, soit elle n'a pas de chance et elle sera malheureuse. Son bonheur est fragile.
Le bonheur n'est pas une question de chance. Il y a des choses qui dépendent de nous, et d'autres qui ne dépendent pas de nous. Il vaut mieux que notre bonheur dépende de choses qui dépendent de nous. Au moins, on peut agir, tout faire pour que cela arrive. Sinon, on passe son temps à attendre, à râler, à accuser les autres, le ciel et la terre entière !

Désirer, souhaiter, avoir envie...

> Jacqueline a 50 ans. Elle a, comme toutes les femmes de 50 ans, quelques rides, quelques cheveux blancs...
> Quand elle se regarde dans la glace, elle se dit qu'elle serait heureuse si elle avait 20 ans de moins.

Comment désirer quelque chose d'impossible ?

Véronique a écrit tous ses désirs.
Dans une grande enveloppe rouge, elle a mis les papiers sur lesquels elle a écrit ses désirs impossibles : « Voler comme un oiseau », « Redevenir un bébé », « Que mon chien me parle », « Être née en Chine pour avoir les yeux bridés », « Revoir une fois mon grand-père », il est mort depuis 2 ans, « Revenir 2 mois en arrière pour recommencer le contrôle que j'ai raté », et ça continue, et ça continue...
Dans une grande enveloppe verte, elle a mis les papiers sur lesquels elle a écrit ses désirs possibles : « Devenir actrice de cinéma ou journaliste », « Tomber amoureuse », « Avoir une moto », « Repeindre ma chambre en bleu », « Passer une nuit blanche avec mes copines », « Visiter le Brésil et Venise », « Se réconcilier avec Tania », « Faire une fois un saut à l'élastique », et ça continue, et ça continue...
Véronique prend des allumettes, ferme l'enveloppe rouge, et la brûle.

« Pourvu que
personne ne me
voie, se dit-elle,
on me prendrait
pour une folle ! »
L'enveloppe verte,
elle ne la ferme pas
et la garde toujours avec elle.

Pas si folle que ça, Véronique ! Elle se sent mieux, plus légère, plus heureuse. Ses désirs impossibles ont disparu, brûlés, envolés ! Il lui reste l'enveloppe verte. Il lui reste le bonheur d'avoir des désirs.

Des marchands de bonheur

« Grattez cette case et vous serez
le plus heureux des hommes ! »
« Malheureux ? Partez tous les hivers
une semaine au bout du monde, la vie
vous sourira à nouveau. »
« Changez de travail, changez

de maison, changez de voiture, changez de nez et de couleur de cheveux, changez de télévision et vous verrez, le bonheur s'installera enfin. »
« Avec cette crème, vous perdrez 10 kilos, vos cheveux auront un volume exceptionnel... et vive le bonheur ! »
« Avec ce dentifrice ultra scintillant, vous aurez le sourire du bonheur. »
« Comment être heureux sans faire de sport ? Venez chez Gymfacile, et gagnez le droit d'être heureux ! »

On lit, on entend, on voit des centaines et des centaines de publicités qui nous disent comment être heureux. On peut finir par croire que c'est tout cela le bonheur. Pourquoi pas ? Mais le problème, c'est de croire que quelqu'un peut savoir ce qu'est une vie heureuse. On peut être d'accord pour dire que, pour avoir une vie confortable, agréable, on a besoin d'un logement, de pouvoir se soigner, d'avoir assez d'argent pour manger, d'étudier, de partir de temps en temps en vacances... Mais personne ne peut décider de ce qu'est le bonheur. Personne ne peut devenir marchand de bonheur. Le bonheur est différent pour chacun, et personne ne peut dire ce qu'est le bonheur de l'autre.

Inventer son bonheur

1. Le bonheur, c'est avoir une maison à la campagne, des animaux tout autour, travailler dans les champs, voir ses amis le dimanche, ne pas manger de viande, ne pas fumer, ne pas boire d'alcool.
2. Le bonheur, c'est diriger une grosse société, commander des centaines de personnes, gagner beaucoup d'argent, et être envié par tout le monde.

3. Le bonheur, c'est la famille, c'est avoir des enfants, s'occuper d'eux, aller les chercher à la sortie de l'école et jouer avec eux, se retrouver en famille le soir.
4. Le bonheur, c'est passer à la télévision, avoir sa photo dans les journaux, être reconnu dans la rue et que les gens demandent des autographes.
5. Le bonheur, c'est s'occuper des autres, de ceux qui ne vont pas bien, les aider, les écouter, partager leurs problèmes.
...

Si quelqu'un arrive à nous convaincre que le bonheur c'est le 1, ou le 2, ou le 3, ou le 4, ou le 5, nous allons tout faire pour réussir le 1, le 2, le 3, le 4 ou le 5. Et puis, quand on y sera arrivé, on risque de se rendre compte que ce n'est pas ça du tout. Que le bonheur n'est pas là. Cela ne voudra pas dire que ce bonheur n'existe pas, mais tout simplement que ce bonheur-là, c'était le bonheur de quelqu'un d'autre, pas le nôtre.
Alors, la vraie question n'est pas : « C'est quoi, le bonheur ? » Personne ne sait ! La seule question importante, c'est plutôt : « Qu'est-ce qui me rend heureux, moi ? »

Sans attendre

Si on a un ami que l'on ne voit pas souvent, qui n'habite pas tout près, et qu'on a très envie de le voir, on peut espérer très fort qu'il vienne, imaginer la joie quand il sera là ; on peut l'attendre, juste l'attendre. Et c'est possible que cet ami, au même moment,

pense à venir et que soudain, on sonne à la porte et, surprise, c'est lui ! Ce serait un sacré coup de chance, un grand hasard. C'est rare ! Mais on peut aussi ne pas se contenter d'attendre et d'espérer, et tout faire pour le rencontrer : lui téléphoner, voir avec lui les horaires de train, proposer de partager le prix du billet, prévoir un jour où c'est possible, se donner un rendez-vous, aller le chercher à la gare. Et là, on est sûr de le revoir. Rien à voir avec la chance ou le hasard : on l'a voulu, ça arrive.

Après tout, c'est peut-être quand on ne fait qu'attendre et espérer que le malheur se glisse dans nos vies. Se mettre à vouloir et à agir, voilà peut-être un début de bonheur. Quand nous avons une idée, même une toute petite idée de ce qui peut nous rendre heureux, alors, allons-y ! Sans attendre.

Brigitte Labbé est écrivain et **Michel Puech** est maître de conférences en philosophie à la Sorbonne.
Ils sont coauteurs de tous les ouvrages de la collection « De vie en vie » parus aux Éditions Milan.

DANS LA MÊME COLLECTION

La vie et la mort
La guerre et la paix
Les dieux et Dieu
Le travail et l'argent
Prendre son temps et perdre son temps
Pour de vrai et pour de faux
Les garçons et les filles
Le bien et le mal
La justice et l'injustice
Ce qu'on sait et ce qu'on ne sait pas
Les chefs et les autres
Les petits et les grands
Libre et pas libre
La nature et la pollution
La fierté et la honte
L'être et l'apparence
La violence et la non-violence
La beauté et la laideur
Le rire et les larmes

300, rue Léon-Joulin, 31101 Toulouse Cedex 9 France

Loi 49.956 du 16.07.1949
Dépôt légal : 1er trimestre 2004 – ISBN : 2-7459-0433-7 – Fournié Imprimeur en France